À bas

La France - Afrique

"Françafrique"

Kossi Ntiafalali Aziagba

Copyright © 2023 Kossi Ntiafalali Aziagba

Tous droits réservés.

Note de L'auteur

Pour appréhender intégralement le contenu de cet ouvrage, il est impératif de saisir la portée du terme "À bas la Françafrique".

Considérons, à titre illustratif, un groupe de dix à quinze individus entreprenant l'ascension d'une montagne. Cette métaphore offre une représentation imagée des dynamiques qui sous-tendent la Françafrique. Les membres les plus vigoureux et résolus se situent en tête de l'ascension, constamment animés par le désir d'atteindre des sommets toujours plus élevés. Toutefois, afin de progresser, il leur arrive parfois de devoir marcher sur les personnes qui se trouvent en bas, les utilisant ainsi comme points d'appui. Cette situation peut engendrer un inconfort notable et susciter des tensions au sein du groupe.

Les membres occupant la partie inférieure, souvent moins robustes, ne disposent pas toujours des ressources nécessaires pour contrecarrer l'ascension des meneurs. Leur aspiration, observant cette montée en puissance, consiste souvent à renverser les rôles, à se hisser au sommet et ainsi à occuper une position de pouvoir. Ainsi, l'expression "À bas les forts !" revêt toute sa signification, symbolisant le désir de voir ceux qui occupent les positions prééminentes redescendre pour permettre à d'autres de prendre le relais. L'allégorie précédente offre une compréhension plus approfondie de l'expression "À bas la Françafrique". Elle reflète un mécontentement généralisé au sein des populations africaines envers ce système autoritaire et contraignant./

Afrique Ô ! Pauvre Afrique !

Dans le creuset brûlant de l'histoire forgée,

Vaillante, Tu t'es toujours dressée.

Sous le poids des chaînes, la tête haute tu portais,

Tes fils et tes filles, dans l'ombre, espéraient.

Martyrs silencieux, héros de l'ombre et de la lumière,

Vous avez gravé dans le roc, votre prière.

Vos pas résonnent encore, dans le vent, dans le sable,

Votre souffle nous guide, indomptable et stable.

Vous avez lutté, au prix de tant de douleur,

Pour un avenir de paix, de dignité, de labeur.

Vos noms restent gravés, étoiles dans le ciel noir,

Éclairant nos chemins, gardiens de l'espoir.

Afrique, berceau de l'humanité,

Riche de mille cultures, de mille identités.

Ton sol est empreint de courage et de foi,

Dans chaque grain de terre, l'histoire parle en toi.

Que résonnent les chants de liberté,

Que fleurissent les rêves d'égalité.

Ensemble, main dans la main, nous bâtirons l'avenir,

Dans l'amour et le respect, nous saurons grandir.

À lire :

REMERCIEMENTS

À toutes les voix de l'histoire, anciennes et contemporaines, qui ont forgé les liens complexes entre la France et l'Afrique.

À celles et ceux qui ont cherché à comprendre, à débattre et à éclairer cette relation énigmatique, en quête d'une vérité nuancée.

À toutes les Africaines et tous les Africains et aux Français, aux acteurs politiques et aux citoyens engagés, qui ont façonné et continuent de façonner cette histoire commune.

À celles et ceux qui ont lutté pour la justice, la dignité et la coopération équitable entre les deux continents.

À mes proches, pour leur soutien infaillible et leur encouragement constant.

Ce livre est dédié à vous tous. Puissent ces pages apporter une clarté bien nécessaire dans un domaine complexe, et favoriser une réflexion éclairée sur la France-Afrique.

Synopsis

La Françafrique se nourrit de la richesse des nations africaines, pillant impunément les ressources naturelles, érodant les fondements économiques et sapant la souveraineté des États d'Afrique.

Ah, la fameuse « Françafrique » ! Chaque nouveau président français débarque au pouvoir en jurant d'en finir avec ce sacré micmac, et puis... paf ! On passe à autre chose ! C'est comme si on disait à un chaton : "Promis, aujourd'hui, tu n'iras pas grimper aux rideaux." Eh bien, on connaît tous la fin de l'histoire. Le mal qui gangrène l'Afrique actuelle s'est enraciné dans les complexes de la Françafrique, une relation qui a trop souvent pris l'allure d'une dictature déguisée, orchestrée depuis les coulisses du pouvoir français.

Je m'indigne contre les bourreaux de ce système, je m'insurge contre la domination, contre l'ignorance de mon peuple. Depuis des décennies, cette influence souterraine a façonné le destin de nations africaines, laissant dans son sillage des conséquences dévastatrices. Des dirigeants africains au service d'intérêts étrangers ont émergé, souvent aux dépens de la volonté populaire.

Les bases militaires françaises ont planté leurs racines sur le sol africain avec une empreinte de domination.

Les accords commerciaux, soi-disant équitables, ont trop souvent favorisé une économie à sens unique, privant l'Afrique de ses richesses tout en perpétuant une dépendance malsaine.

Le résultat est une gouvernance autoritaire, des régimes corrompus et des populations souvent plongées dans la précarité et la dictature.

Depuis les premiers pas des explorateurs sur les côtes africaines jusqu'aux débats contemporains sur l'avenir des relations franco-africaines, l'histoire entre la France et l'Afrique a été tissée de liens complexes, de destins entremêlés et de dynamiques changeantes.

Les fils de la colonisation, de l'indépendance et des évolutions géopolitiques récentes sont tous mêlés. La relation complexe entre la France et l'Afrique a été le sujet de nombreux débats et controverses au fil des décennies.

Cette liaison est une continuation subtile de l'impérialisme colonial, soulignant les intérêts économiques et politiques de la France loin d'une coopération mutuelle bénéfique, mettant en avant les partenariats économiques et les efforts conjoints dans des domaines tels que la sécurité et le développement.

Au cœur de cette dynamique, je me pose des questions cruciales. Comment la France a-t-elle navigué dans ce territoire complexe entre post-colonialisme et interdépendance? Quels ont été les avantages et les coûts de cette

relation pour les nations africaines concernées?

Il est temps de mettre fin à cette dictature déguisée et de libérer l'Afrique de l'emprise de la Françafrique.

Ensemble, nous pouvons œuvrer pour un avenir où l'Afrique reprend pleinement en main son destin, où les peuples africains décident de leur propre avenir, sans entraves ni ingérences extérieures.

1. Entre Histoire Exploitation et Conflits Cas du Sahel

Une synopsis loin de la réalité.

Afrique ! Mon Afrique. Berceau de l'humanité, témoin de multiples atrocités. L'esclavage a laissé sur tes joues des cicatrices profondes, aux enjeux géopolitiques marqués par la domination persistante.

Afrique ! chère mère, des millions d'âmes arrachées à tes terres ont laissé derrière elles un héritage douloureux, dont les conséquences résonnent encore aujourd'hui.

La domination française, sous l'égide de la Françafrique instaurée par De Gaulle en 1960, exerce une influence majeure sur tes fils et tes filles. Aujourd'hui voici un nouveau prétendant à ta porte.

Oh, mère, vas-tu laisser faire à nouveau ?

L'implication croissante de la Russie, mise en lumière lors du 2ème Sommet Russie-Afrique en 2023, ajoute une dimension complexe aux enjeux. Oh Afrique réveille toi.

Les relations économiques et la fourniture d'armes par la Russie, ton nouveau prétendant, laissent un équilibre délicat.

Le réveille des Alkebulans, la vielle Afrique : Sahel en Ébullition

Le Sahel, vaste territoire semi-aride qui s'étend à travers l'Afrique du Nord, est aujourd'hui le théâtre d'une crise profonde aux multiples dimensions. Cette région, qui englobe des pays tels que le Mali, le Burkina Faso et le Niger, est le foyer de récentes turbulences politiques et sociales qui remettent en question l'influence historique de la France. La présence d'acteurs locaux et internationaux ainsi que les enjeux géopolitiques font du Sahel un terrain complexe où se jouent des intérêts cruciaux.

La crise actuelle est la manifestation d'une contestation profonde de la domination française dans cette partie du continent africain. Les mobilisations observées devant la base militaire de Niamey sont le reflet d'une colère populaire qui ne se réduit pas à de simples étiquettes de "pro-junte".

Cette colère trouve ses racines dans des siècles de domination et d'exploitation, des mémoires collectives marquées par des politiques monétaires controversées et des ingérences militaires qui ont laissé des traces indélébiles.

Les récents coups d'État au Sahel sont le signe que la France est en position délicate dans son pré-carré historique.

L'incertitude règne quant à l'avenir de sa place dans la hiérarchie des puissances mondiales.

Autrefois considérée comme l'un des piliers de sa projection internationale, notamment aux côtés de la dissuasion nucléaire, la France est aujourd'hui confrontée à des défis majeurs dans la région du Sahel.

Les Échecs Militaires et l'Enlisement

Afrique mon Afrique. Rappel toi, en 2011, la France a adopté une posture offensive envers tes fils, violant tes filles détruisant tes nations. Rappel toi de la Côte d'Ivoire, cet année 2011, une période qui voit l'émergence de nouveaux acteurs politiques soutenus par la France, ce bourreau, tel qu'Alassane Ouattara.

Merci aux martyres. Mais hélas !!!
L'explosion des luttes, notamment en Libye, avait contraint la France à s'engager davantage au sein de l'OTAN pour préserver ses intérêts dans la région.

OTAN ! OUI OTAN

OTAN, les vrais vampires qui sucent sans fin ton sang. Cette implication va jusqu'à la coopération avec des factions de la résistance libyenne, au détriment du gouvernement de Kadhafi, afin de s'approprier les marchés lucratifs en Libye et de sécuriser sa zone méditerranéenne.

Contrairement à l'explication conventionnelle, la présence de la France en Afrique ne se résume pas seulement à des motivations strictement économiques et à l'exploitation des ressources. Elle repose également sur la défense de sa position en tant que grande puissance mondiale, prête à réprimer tout élément potentiellement déstabilisateur pour les puissances impérialistes dans la région. Cela lui permet également de jouer le rôle d'intermédiaire incontournable pour d'autres grandes puissances.

Malheureusement, les multiples interventions françaises visant à "stabiliser" la région n'ont fait qu'aggraver l'instabilité. Les opérations Serval et Barkhane, lancées respectivement en 2013 et 2014, mobilisent un contingent militaire important dans la zone des trois frontières entre le Mali, le Burkina Faso et le Niger.

Cependant, l'argument central justifiant cette opération - la prétendue menace de "lignes" de djihadistes sur Bamako - s'est avéré être une pure fabrication de l'État-Major français.

Neuf années d'opération ont conduit à une impasse, avec des conséquences tragiques pour les populations locales.

Oh mère Afrique, aveugle et sans force, écoute le cri de tes voisins, plus de 23 500 civils ont perdu la vie dans la région libyenne depuis 2015.

Sans compter le nombre de déplacés internes qui avait quadruplé pour atteindre 1,4 million de personnes.

Les affirmations d'Emmanuel Macron sur le rôle salvateur de la France sont teintées d'arrogance, masquant la réalité d'une région déchirée par les conflits civils et militaires.

La Colère Populaire et la Contestation de la Domination

LE FCFA ET LE "SENTIMENT ANTI-FRANÇAIS"

Le "sentiment anti-français" ne saurait se réduire à une simple aversion pour la culture française. Il trouve aussi ses racines dans des siècles de domination, symbolisée par des politiques comme le maintien du **Franc CFA** sous le contrôle de la Banque de France. Cette monnaie donne à la France un pouvoir de décision sur les politiques monétaires de quatorze pays de la région, illustrant ainsi l'emprise persistante de l'ancienne puissance coloniale.

Les mobilisations observées au Mali, au Sénégal, au Tchad et au Niger révèlent une volonté de s'opposer aux grandes enseignes françaises, tout en réclamant le retrait des troupes militaires françaises.

La France, en dépit de sa rhétorique sur la défense de la démocratie, a cautionné des dictatures et des régimes autoritaires, mettant en lumière le double discours de la politique française en Afrique.

Le monopole de la France sur l'exploitation des ressources et l'utilisation des infrastructures dans la région, en particulier l'uranium, contraste avec les indicateurs de développement humain alarmants dans ces pays. Cette situation crée un profond sentiment d'injustice et d'exploitation parmi les populations locales, renforçant ainsi la contestation de la domination française.

Une Armée en Quête de Nouveaux Partenaires

L'émergence de nouvelles figures militaires, d'Assimi Goïta à Ibrahim Traoré en passant par Abdourahamane Tiani, reflète une diversité de perspectives au sein des forces armées. Bien que les réalités puissent varier d'un pays à l'autre, certaines similitudes se dessinent.

> *C'est absurde qu'une seule fraction de l'État, de l'armée et des élites bourgeoises d'Afrique ne perçoit plus la France comme le seul partenaire stratégique viable pour résoudre les crises internes.*

La mobilisation des forces de Wagner au Mali illustre cette volonté de modifier l'approche dans la répression des mouvements qualifiés de "djihadistes" ou d'opposition. D'autres tendent à privilégier le dialogue et la négociation, une option catégoriquement rejetée par la France ".

La France est la base centrale de la création et renforcement des forces militaires au Sahel : Que ce soit par le financement massif, l'incitation à accroître les budgets militaires ou la formation des officiers. Ainsi, si l'armée occupe la place qu'elle a aujourd'hui au Niger, la France y a largement contribué.

Ces secteurs de l'armée voient dans l'affaiblissement de la France et l'émergence de nouveaux acteurs (Chine, Turquie, Russie, mais aussi Allemagne et États-Unis) une opportunité de capitaliser sur la colère des masses populaires pour négocier des conditions géopolitiques plus avantageuses et une domination moins ostensible.

Bien que personne ne doute que les "démocraties" soutenues par la France, telles que celle de Mohammed Bazoum, n'étaient que des écrans de fumée visant à préserver les intérêts.

Une Menace d'Intervention Sous Tensions et Contradictions

La situation en Afrique de l'Ouest est aujourd'hui marquée par une division entre deux blocs : d'une part, la Cédéao se pose comme le défenseur légitime des intérêts des puissances impérialistes dans la région, d'autre part, les États de la zone des trois frontières cherchent à établir une stratégie commune pour se prémunir contre une intervention impérialiste potentielle.

La France, en opposition à l'Union Européenne et même aux États-Unis, pousse en faveur d'une intervention de la Cédéao. Elle ne peut tolérer un repli si significatif dans son pré-carré historique, symbolisé par l'humiliation de son ambassadeur et la mobilisation de milliers de Nigériens réclamant le départ des troupes françaises.

La situation actuelle diffère de celle de 2011, lorsque la France intervenait pour installer Alassane Ouattara au pouvoir en Côte d'Ivoire.

Aujourd'hui, des mobilisations massives secouent le Sénégal, le Nigeria s'oppose à l'intervention de la Cédéao et le Tchad est dans une situation de grande instabilité.

Ainsi, la France et ses alliés régionaux pourraient rapidement être confrontés à leurs propres contradictions internes.

La Contestation de l'Impérialisme Français

Un Sentiment Anti-Français Ancré dans l'Histoire

Le ressentiment envers la France ne se résume pas à une simple aversion culturelle. Il puise ses racines dans des siècles de domination.

Les Maliens, les Sénégalais, les Tchadiens et les Nigériens qui se mobilisent contre les grandes enseignes françaises comme Total ou Carrefour, et qui réclament le retrait des troupes militaires françaises de Niamey, le font pour des raisons bien plus profondes.

La question du Franc CFA, encore émis par la Banque de France et conférant à la France un droit de regard sur les politiques monétaires de quatorze pays de la région, est au cœur des préoccupations.

L'armée française est une force d'occupation, et la France jouit d'un quasi-monopole sur la production, l'exploitation et la vente des ressources ainsi que sur l'utilisation des infrastructures du pays, en particulier l'uranium.

Pourtant, 60% de la population nigérienne n'a pas accès à l'électricité.

Ces pays, écrasés par une économie de spoliation et de rente des matières premières, affichent des indicateurs de développement humain parmi les plus bas au monde.

La Mauritanie se classe 161e, le Burkina Faso 182e, le Mali 184e, et le Niger, bon dernier, 189e en termes d'Indice de Développement Humain.

L'adoubement de dictateurs et de "démocrates-dynastiques" par le président français, comme ce fut le cas avec le fils Déby, est vécu comme une insulte à la quête de démocratie et de justice sociale.

Les Conséquences Désastreuses des Interventions Militaires Françaises

Toute intervention de la france se présentant comme une "stabilisation" n'a fait que déstabiliser davantage la région.

Les opérations Serval (2013) puis Barkhane (2014) ont amené la France à déployer près de 8000 soldats dans la zone des trois frontières entre le Mali, le Burkina Faso et le Niger, constituant ainsi la plus grande opération extérieure depuis la Guerre d'Algérie.

Les arguments avancés pour justifier ces interventions reposaient en grande partie sur la théorie du complot des "lignes" de djihadistes menaçant Bamako, une construction narrative qui n'a fait qu'occulter les véritables enjeux.

Les conséquences de ces neuf années d'opérations sont dramatiques.

Les Dynamiques Internes de l'Armée

La ceinture des coups d'État qui a secoué la région cache une diversité de réalités selon les pays. Des jeunes colonels aux sexagénaires de la garde présidentielle, chacun incarne une facette de cette dynamique.

Ce qui les unit, c'est la remise en question de la France en tant que seul partenaire stratégique.

La France a joué un rôle central dans la formation et le renforcement des appareils militaires du Sahel, de par ses financements massifs et la formation des officiers.

Ainsi, si l'armée occupe la place qu'elle a aujourd'hui au Niger, la France en porte une grande responsabilité.

Ces factions de l'armée voient dans l'affaiblissement de la France et l'émergence de nouveaux partenaires (Chine, Turquie, Russie, mais aussi Allemagne ou États-Unis) l'opportunité de tirer profit de la colère populaire pour négocier des conditions géopolitiques plus favorables .

Si l'on ne doute pas que les "démocraties" soutenues par la France, telles que celle de Mohammed Bazoum, ne sont que des simulacres servant les intérêts français et les élites locales, les coups d'État actuels ne constituent pas une alternative progressiste.

La Menace d'Intervention : Entre Contradictions et Risques

La situation en Afrique de l'Ouest apparaît aujourd'hui profondément divisée entre deux blocs. D'un côté, la Cédéao se positionne en défenseur légitime des intérêts des puissances impérialistes dans la région.

De l'autre, les États de la zone des trois frontières cherchent à ériger une logique de blocs pour se protéger d'une éventuelle intervention impérialiste.

La France pousse en faveur d'une intervention de la Cédéao, ne pouvant tolérer un tel recul dans son pré-carré historique.

L'image internationale de la France est désormais ébranlée par une vague de colère dans une région où, quelques années auparavant, ses soldats étaient acclamés par la population malienne et l'opposition.

Les acteurs tels que Catherine Colonna ou Emmanuel Macron semblent peut-être avoir sous-estimé les changements survenus depuis 2011, lorsque la France intervenait pour installer Alassane Ouattara au pouvoir en Côte d'Ivoire.

Au Sénégal, d'importantes mobilisations traversent le pays chaque année contre Macky Sall.

Au Nigeria, le Sénat s'oppose à l'intervention de la Cédéao.

Au Tchad, la situation est si tendue que le moindre incident pourrait déclencher une explosion contre le fils Déby.

En d'autres termes, la France et ses alliés se retrouver rattrapés par leurs propres contradictions internes.

Une intervention de la Cédéao pourrait déboucher sur des conséquences dévastatrices, mais elle pourrait également engendrer une crise historique pour les régimes encore considérés comme "stables" dans la région.

Oh Afrique mon Afrique ! Je vois enfin, une ère de changement qui s'approche.

À Bas l'Impérialisme ! À Bas la Françafrique !

Non à l'Intervention de la Cédéao

Oh mère Afrique, face à ce contexte tendu, ta classe ouvrière et tes classes populaires ont un rôle majeur à jouer.

Les récentes mobilisations au Niger contre l'armée française ont clairement montré que les masses et la classe ouvrière nigérienne peuvent être à l'avant-garde d'une lutte contre l'impérialisme français.

Toutefois, pour que cela se concrétise, il est essentiel que cette intervention se fasse de manière totalement indépendante des intérêts de la junte militaire actuelle.

La solidarité de tes enfants que pourrait exprimer la classe ouvrière française envers une telle initiative pourrait devenir un point d'appui crucial pour mettre fin à la Françafrique.

Une Véritable Autodétermination Nationale

Pour construire une alternative véritablement progressiste, plusieurs étapes s'imposent.

En premier lieu, la fin de la domination française est impérative.

Cela passe par le retrait de toutes les troupes militaires étrangères de la région, l'expropriation de tous les grands groupes économiques, et leur mise sous contrôle ouvrier dans l'intérêt de la population.

De plus, le monopole du commerce extérieur doit être instauré.

Ces mesures ne sont que les prémices d'une véritable voie vers l'autodétermination nationale, qui ne saurait être garantie que dans le cadre d'un gouvernement des travailleurs et d'un État socialiste.

L'Afrique Vers un Futur Émancipateur

Afrique mon Afrique, pendant que tu dors, la crise au Sahel a catalysé un réalignement des alliances géopolitiques. De nouveaux partenariats émergent, tels que ceux avec la Chine, la Turquie et la Russie. L'Allemagne et les États-Unis observent également attentivement la situation, cherchant à tirer profit des opportunités offertes par cette période de transition.

L'intervention de la Cédéao au Niger soulève des interrogations cruciales quant à son rôle et à sa légitimité dans la région.

Mes Propositions Politiques pour un Sahel Libéré

Il est essentiel de définir une feuille de route politique claire pour parvenir à l'émancipation du Sahel. Cela passe par la remise en question des mécanismes de domination, tels que le **Franc CFA**, et par la mise en place de politiques économiques axées sur le bien-être des populations.

Les véritables transformations émanent souvent des mouvements populaires.

Le Sahel ne peut parvenir à l'émancipation de manière isolée. Des alliances et des solidarités internationales seront nécessaires.

Il est essentiel de comprendre les difficultés qui se dresseront sur le chemin de l'émancipation et d'identifier les moyens de les surmonter.

La crise a laissé des traces profondes sur le plan économique et social. La reconstruction de l'infrastructure, la relance des secteurs productifs et la création d'emplois sont des impératifs pour garantir la stabilité et la prospérité à long terme.

La mise en place de structures politiques justes et représentatives sera cruciale. Les modèles de gouvernance susceptibles de favoriser la participation citoyenne et de prévenir la concentration du pouvoir entre quelques mains.

Il faudra repenser les politiques de sécurité nationale et régionale, tout en veillant à l'inclusion des différentes communautés et groupes ethniques. La préservation de l'environnement et la gestion durable des ressources naturelles seront des impératifs majeurs

Les défis sont nombreux, mais les opportunités sont également immenses.

Ensemble, nous pouvons œuvrer à la réalisation de cette vision commune d'un Sahel prospère et inspirant pour les générations futures.

2. Le Déluge

Les coulisses du mal

Ah, la fameuse "Françafrique" ! Un terme qui résonne comme une énigme. Derrière ce mystère, les manigances se faisaient dans l'ombre, aujourd'hui, on dirait que les petits secrets françafricains ont pris du galon. Les scandales qui défraient la chronique à la télévision ne sont souvent que la pointe de l'iceberg.

Permettez-moi de vous entraîner encore dans un voyage dans le temps, de l'épisode du détournement de l'avion du FLN algérien en 1956 à la spectaculaire exfiltration du président burkinabé Blaise Compaoré en 2014.

Venez avec moi

Ces événements variés et rocambolesques méritent d'être explorés en détail.

Le Détournement de l'Avion du FLN Algérien

En 1956, un acte audacieux a secoué les relations franco-africaines naissantes.

Il s'agit du détournement de l'avion du Front de Libération Nationale (FLN) algérien. Cet événement s'est déroulé dans un contexte de guerre d'indépendance en Algérie. Le FLN, mouvement luttant pour l'indépendance de l'Algérie, avait obtenu un avion grâce à des fonds collectés auprès de la diaspora algérienne.

L'appareil avait décollé de Tunisie avec à son bord des membres du FLN, mais a été contraint de se poser en France suite à une défaillance technique.

C'est là que l'inattendu s'est produit. Les autorités françaises ont alors tenté de désarmer les passagers et de saisir les fonds destinés à la cause de l'indépendance algérienne.

Cependant, cet incident a eu des conséquences inattendues. Au lieu de décourager le FLN, il a renforcé leur détermination et a suscité une vague de soutien international.

L'épisode du détournement de l'avion du FLN est devenu emblématique de la lutte pour l'indépendance de l'Algérie et a marqué un tournant dans les relations entre la France et ses anciennes colonies africaines.

L'Exfiltration de Blaise Compaoré

En 2014, un autre épisode spectaculaire a marqué l'histoire de la Françafrique.

Il s'agit de l'exfiltration du président burkinabé Blaise Compaoré. Ce dernier, au pouvoir depuis ma naissance en 1987, avait été confronté à une vague de protestations populaires suite à sa tentative de modifier la constitution pour prolonger son mandat présidentiel.

Face à la pression populaire grandissante, Blaise Compaoré a été contraint de démissionner. Cependant, plutôt que de rester au Burkina Faso et de faire face à la justice, il a choisi de s'exiler en France.

La France, a facilité son départ en lui offrant refuge. Cette exfiltration a provoqué une onde de choc au Burkina Faso et a alimenté les critiques à l'égard de l'ingérence de la France dans les affaires politiques africaines. Elle a également souligné les liens complexes qui perdurent entre certains dirigeants africains et la France, malgré les appels à une relation plus équilibrée et respectueuse des souverainetés nationales.

LE FRONT DE LIBÉRATION NATIONALE (FLN)

Le Front de Libération Nationale (FLN) était un mouvement politique et militaire algérien qui a joué un rôle central dans la lutte pour l'indépendance de l'Algérie vis-à-vis de la France.

Il a été créé en 1954 et a dirigé la guerre d'indépendance algérienne, qui a duré de 1954 à 1962.

Le FLN était composé de divers groupes nationalistes algériens qui se sont unis pour obtenir l'indépendance de l'Algérie, alors sous domination coloniale française depuis 1830. Le mouvement a adopté des méthodes de lutte armée pour atteindre ses objectifs.

Le conflit entre le FLN et les forces françaises a été très violent et a engendré de nombreuses pertes humaines des deux côtés. Il a également eu des répercussions politiques et sociales considérables en France et en Algérie.

Finalement, en 1962, les accords d'Évian ont été signés, conduisant à l'indépendance de l'Algérie et à la fin officielle de la guerre d'indépendance. Le FLN est devenu le parti politique dominant en Algérie après l'indépendance et a joué un rôle majeur dans la construction de l'État algérien moderne.

Dans le scandale de la Francafrique on y découvre aussi des empoisonnements, des soutiens clandestins, des opérations de déstabilisation.

ET QUE DIRE DE JONAS SAVIMBI EN ANGOLA ?

Laissez-moi vous conter qui était Jonas Savimbi.

Jonas Savimbi était un leader politique et militaire angolais, principalement connu pour son rôle central dans la guerre civile en Angola, qui a duré de 1975 à 2002. Né en 1934, Savimbi a fondé le mouvement de résistance armée UNITA (Union pour l'Indépendance Totale de l'Angola) en 1966, en opposition au gouvernement du MPLA (Mouvement Populaire de Libération de l'Angola), qui avait pris le pouvoir après l'indépendance du pays vis-à-vis du Portugal en 1975.

Savimbi était un leader charismatique et habile stratège militaire.

Il a reçu un soutien significatif de diverses puissances étrangères, dont les États-Unis et l'Afrique du Sud, qui voyaient en lui un contrepoids au gouvernement du MPLA, qui était soutenu par l'Union Soviétique et Cuba.

La guerre civile en Angola a été particulièrement dévastatrice, causant d'énormes souffrances pour la population civile et entraînant d'importantes destructions dans le pays.

La guerre a finalement pris fin en 2002 avec la mort de Savimbi lors d'un affrontement avec les forces gouvernementales.

Le rôle de la France dans le soutien à Savimbi et à l'UNITA fait partie des nombreuses controverses entourant la politique de la Françafrique, illustrant les enjeux géopolitiques complexes qui ont marqué les relations entre la France et l'Afrique.

Sous les présidents Sarkozy et Hollande, les négociateurs mystérieux ont fait leur grand retour.

À ma naissance en 1987, un grand marchandage a été organisé entre l'Afrique du Sud, l'Angola et le Mozambique pour libérer *Pierre-André Albertini.*

PIERRE-ANDRÉ ALBERTINI

Le pauvre homme s'était fait pincer en transportant des armes destinées à l'ANC. Un avant-goût de la libération de Nelson Mandela trois ans plus tard.

Pierre-André Albertini était un coopérant français qui a été impliqué dans une affaire délicate en 1987. Il a été arrêté pour avoir été surpris en possession d'armes destinées à l'ANC (Congrès National Africain), un mouvement de libération sud-africain qui luttait contre l'apartheid. Son arrestation a conduit à un événement marquant dans les coulisses de la diplomatie internationale.

En conséquence de cette arrestation, un vaste marchandage impliquant l'Afrique du Sud, l'Angola et le Mozambique a été organisé pour négocier la libération de Pierre-André Albertini.

Cet épisode est souvent considéré comme un précurseur de la libération emblématique de Nelson Mandela trois ans plus tard.

Ainsi, Pierre-André Albertini, bien qu'il ne soit pas aussi célèbre que Mandela, a joué un rôle dans les coulisses de l'histoire qui a contribué à mettre en lumière les enjeux complexes de la lutte contre l'apartheid en Afrique du Sud.

Ces acteurs de l'ombre ont joué un rôle majeur lors de moments clés : guerres au Tchad dans les années 80, tragédie rwandaise dans les années 90, coups d'État en Centrafrique dans les années 2000.

La "Françafrique" ce n'est pas que de l'histoire ancienne, ce n'est pas de la fiction, un certain désamour.

Certain croit malgré tout en la possibilité pour la France et l'Afrique d'écrire ensemble de nouvelles pages. Moi je n'y crois pas. À condition de ne pas jouer les pince-sans-rire, ni les donneurs de leçons.

Des mines du Gabon à celles de Madagascar, en passant par l'Afrique du Sud et la Namibie, les phosphates du Togo, je voudrais éplucher les dossiers et interroger les témoins si vous me choisissez comme votre avocat.

Il me semble essentiel de rappeler que l'uranium congolais a été utilisé pour la bombe qui a frappé Hiroshima ! Les mines africaines ont été les poumons de l'Occident pendant toute la guerre froide. Mais curieusement, elles n'ont jamais reçu le statut d'installations nucléaires officielles. Comme si on disait : "T'es important, mais pas trop !" Le résultat ? La surveillance, du côté de la santé et de l'environnement, laissait sacrément à désirer.

On ne peut s'empêcher de se demander combien coûterait notre électricité si le prix de l'uranium intégrait le véritable coût de cette aventure nucléaire made in Africa ?

Ça donne à réfléchir, non ?

Dans le déluge démocratique ou encore le déluge radical des interminable que vis les africains, une danse subtile entre les discours publics et les réalités discrètes continue d'orchestrer la scène franco-africaine.

La Françafrique, telle une chimère insaisissable, a évolué pour survivre aux époques et aux régimes, ajustant son costume sans jamais révéler sa véritable nature.

Les discours de rupture et les promesses de renouveau résonnent comme des refrains familiers à chaque nouvelle élection présidentielle. Les mots s'envolent, mais les réseaux d'influence demeurent intacts. Les accords économiques, les jeux de pouvoir et les ententes secrètes persistent en dépit des déclarations grandiloquentes.

Les populations africaines, continuent de vivre au croisement de ces dynamiques complexes. Elles observent, souvent avec scepticisme, les déclarations de changement, tout en constatant que les enjeux économiques, politiques.

À moi, je m'interroge encore et encore : la Françafrique a-t-elle réellement changé, ou s'est-elle simplement adaptée aux temps modernes tout en préservant ses intérêts fondamentaux ?

Les réponses à mes interrogations se cachent dans les méandres de l'histoire et de la politique, là où la réalité se dérobe derrière le voile d'une élégante cravate.

Septembre 2023

Les couloirs feutrés de la diplomatie

Alors que j'écrivais les derniers mots de ce livre, une fraîche matinée de septembre, les ombres du passé continuent d'effleurer mon présent et ma mémoire. Les couloirs feutrés de la diplomatie bruissent des murmures d'une relation complexe entre la France et l'Afrique.

Malgré les promesses solennelles, les méandres de la Françafrique persistent, insaisissables.

Les lambeaux de la colonisation, les éclats de l'indépendance et les volutes des enjeux géopolitiques contemporains s'entrelacent, comme des danses fugaces sur une piste de cristal.

Les déclarations tonitruantes de changement se heurtent parfois à la réalité d'intérêts économiques et politiques bien ancrés.

Alors que le monde scrute l'horizon, les âmes africaines et françaises, ainsi que les acteurs politiques, continuent de forger cette saga commune. Ils se tiennent, résolus, face à cette nécessité de percer les mystères de cette relation énigmatique, où les apparences masquent souvent des vérités essentielles.

Dans les décennies à venir, il demeurera impératif de déchiffrer les évolutions de la Françafrique, de saisir comment cette relation continue de dessiner les destins entremêlés de deux continents.

C'est dans cette toile complexe que se jouent les enjeux d'un XXIe siècle avide de réponses, qui défie, peut-être, les promesses de rupture annoncées avec tant de gravité.

La Françafrique

Ah, la "Françafrique" ! Je voudrais encore revenir sur ce mal. On dirait presque le titre d'un épisode mystérieux d'une série télé : un dédale complexe de relations. Un vrai labyrinthe d'intrigues où se trament des complots dans l'ombre.

C'est comme une toile d'araignée géante, tissée avec soin par une multitude de protagonistes français et africains.

Ils s'agitent dans le monde de l'économie, de la politique et même de l'armée, tout ça pour mettre la main sur les richesses des terres mères et s'octroyer le contrôle de l'assistance au développement.

C'est du sérieux, mais avec une petite touche de théâtralité à la Hitchcock !

3. Ère du Général de Gaulle

Les racines du mal

Les racines de ce mal ont commencé à pousser lorsque le général de Gaulle lui-même met en place une cellule spéciale à l'Élysée dédiée aux affaires africaines. Ah ! l'Élysée !! Un jardin d'épines mortelles. De Gaulle avait confié ses racines à son ami Jacques. Oui ! Jacques, Jacques Foccart. Le monsieur Afrique de 1913-1997.

Dès les années soixante, un système a été mis en place pour maintenir un contrôle sur les nations africaines qui venaient tout juste d'obtenir leur indépendance. C'était comme une sorte de prolongement de la colonisation, mais avec un habillage différent.

LA FRANCE ''UN PEU COMME-SI''

Une méthode soigneusement orchestrée pour s'approprier les richesses, avec la coopération des acteurs africains considérés comme des alliés de la France. **C'est comme si** le passé colonial se prolongeait dans l'ombre, sous un nouveau visage de la France. Une réalité à la fois fascinante et troublante, n'est-ce pas ?

Ce ballet s'accompagne d'une sélection des dirigeants par la France, et du soutien à des leaders autocratiques, que ce soit par des interventions militaires, des conflits, des éliminations ou des fraudes électorales, que la vérité éclate ou reste voilée.

Ah, la relation entre la France et l'Afrique, c'était toute une danse pour les têtes pensantes françaises.

C'était un peu comme jongler entre l'équilibre politique dans les anciennes colonies et la protection des intérêts stratégiques, avec en prime l'accès à des ressources : le pétrole et l'uranium.

C'était un peu comme jouer sur tous les tableaux, n'est-ce pas ?

D'un côté, maintenir une certaine stabilité politique, et de l'autre, veiller aux intérêts stratégiques et économiques de la France. Un numéro d'équilibriste diplomatique, en somme !

La Françafrique ! Lorsque les anciennes colonies africaines de la France ont accédé à l'indépendance dans les années 1960, au lieu de se retirer complètement du continent africain, la France a cherché à maintenir une influence significative dans la région en établissant des liens économiques, politiques et militaires étroits avec ses anciennes colonies, en maintenant les dirigeants africains sous son guide.

LES PREMIERS PAS DE LA FRANÇAFRIQUE

En 1960, le général de Gaulle, président de la France, a créé une unité spéciale appelée la "Cellule Africaine" à l'Élysée.

Cette cellule était chargée de coordonner la politique africaine de la France et était dirigée par Jacques Foccart, surnommé "Monsieur Afrique". Cette initiative visait à centraliser les décisions concernant l'Afrique et à maintenir l'influence française dans la région.

Le Cas du Tchad : Dans les années 1960 et 1970, la France a été fortement impliquée dans les affaires du Tchad. Elle a soutenu différents dirigeants tchadiens, dont François Tombalbaye, puis Hissène Habré, en raison de ses intérêts stratégiques dans la région et de la rivalité avec la Libye de Mouammar Kadhafi. Cette intervention a eu un impact significatif sur la politique intérieure et la stabilité du Tchad.

La Guerre du Biafra : Entre 1967 et 1970, la France a soutenu secrètement la sécession du Biafra du Nigeria lors de la guerre civile nigériane.

Cette intervention visait à contrer l'influence britannique dans la région et à garantir l'accès à des ressources pétrolières cruciales pour la France.

Les Accords de Défense : La France a signé des accords de défense avec plusieurs de ses anciennes colonies africaines, garantissant ainsi la sécurité de ces pays en échange de bases militaires françaises sur leur territoire. Ces accords ont été des éléments clés de la politique de la Françafrique et ont renforcé l'influence militaire de la France dans la région.

L'Affaire Jean-Bédel Bokassa en Centrafrique : En 1979, la France a orchestré une intervention militaire en Centrafrique pour renverser le président Jean-Bédel Bokassa, qui était devenu impopulaire et avait des relations tendues avec la France. Cette intervention a illustré la volonté de la France d'intervenir dans les affaires intérieures de ses anciennes colonies pour préserver ses intérêts.

4. À bas la francafrique

Je crie fort "À bas la Françafrique" ! et mes amis me répondent : À bas la Françafrique ! un cri qui résonne comme un rappel sinistre d'une époque révolue, mais dont les ramifications persistent dans les zones les plus obscures des relations franco-africaines.

Ce système, sournois et opaque, persiste au-delà des changements de gouvernements et des époques, maintenant son emprise sur de vastes régions du continent africain.

L'ombre de la colonisation perdure, déguisée en une prétendue coopération et un partenariat. Il est temps que cette mascarade prenne fin.

La Françafrique se nourrit de la richesse des nations africaines, pillant impunément les ressources naturelles, érodant les fondements économiques et sapant la souveraineté des États d'Afrique.

Les accords économiques et les traités de défense, présentés comme des gages de stabilité, ne sont souvent que des chaînes invisibles, entravant le développement autonome et l'épanouissement des peuples africains.

L'histoire est émaillée d'exemples poignants de cette relation inégale. Des interventions militaires masquées sous le prétexte de la paix et de la stabilité ont souvent semé le chaos et le désespoir.

Les dirigeants africains sont parfois propulsés ou déchus à la guise des intérêts français, tandis que les aspirations et les besoins des populations locales sont relégués au second plan.

Il est temps de briser les chaînes de la Françafrique, de dénoncer cette relation toxique qui maintient des nations entières dans un état de dépendance insoutenable.

Il est temps de redonner la parole aux voix africaines, de permettre aux pays de forger leur propre destin, sans ingérence ni manipulation extérieure. Éliminer les dictateurs et faire régner la paix et le progrès. À bas les dictateurs ! Abas les présidents corrompus !

La Françafrique, ce n'est pas seulement une histoire passée, c'est une réalité pernicieuse qui se perpétue sous nos yeux.

C'est une toile complexe d'intrigues, de manigances et d'exploitations qui continue de lier la France à l'Afrique, souvent au détriment des peuples africains.

Depuis les premiers échanges coloniaux jusqu'aux tractations diplomatiques contemporaines, la Françafrique a été le moteur d'une relation inégale, où les intérêts français ont souvent primé sur les aspirations légitimes des nations africaines. Il est temps de lever le voile sur cette machination, de mettre à nu les fils qui la tissent et de dénoncer cette mascarade.

La Françafrique s'est drapée dans un manteau de coopération, mais derrière cette façade se cachent des réalités cruelles. C'est un système qui siphonne les richesses du continent, laissant les nations africaines appauvries et dépendantes.

Les promesses de développement et de prospérité sont souvent restées lettre morte, noyées dans les méandres de contrats léonins et d'accords économiques biaisés.

Les rôles sont clairement définis : la France, en tant que puissance dominante, dicte les termes du jeu.

Les ressources naturelles, jadis pillées sous le joug colonial, sont désormais disputées par des multinationales françaises, laissant peu de place à l'autonomie et à l'épanouissement des pays africains.

Les conséquences de cette relation déséquilibrée sont tangibles.

Des dictateurs sont maintenus en place, tant qu'ils servent les intérêts français, tandis que les aspirations démocratiques des peuples sont souvent réprimées.

Les interventions militaires, justifiées au nom de la stabilité, ont souvent semé le chaos et la désolation.

Il est temps de dire non. Non à cette Françafrique qui perpétue l'héritage d'un passé colonial douloureux. Non à cette relation qui entrave le potentiel et l'épanouissement des nations africaines.

Mettez la Françafrique à Nu

La Françafrique, cette nébuleuse relation doit être scrutée sans complaisance et sans violence.

Il est temps de dévoiler les fils de cette toile, les intérêts égoïstes qui l'entretiennent et les conséquences insidieuses qu'elle engendre.

Entre amis, parlons des Accords Secrets et des Dirigeants Marionnettes.

Dès les premiers pas vers l'indépendance des anciennes colonies africaines, la France a tissé une toile d'influence, souvent à l'abri des regards indiscrets.

Ces accords ont créé un réseau de dépendance et de subordination, où des dirigeants africains, parfois affublés du titre de "présidents-vassaux", ont été maintenus au pouvoir en échange de leur allégeance aux intérêts français.

Une tragi-comédie qui a perduré bien trop longtemps.

Parmi les exemples les plus frappants, citons le cas d'Omar Bongo au Gabon, qui a dirigé le pays pendant plus de 40 ans avec un soutien tacite de la France !

Son maintien au pouvoir était un gage de stabilité pour la France et garantissait l'accès aux ressources pétrolières du pays.

Les Multinationales Françaises et le Pillage Économique. Les entreprises françaises, en particulier dans les secteurs des matières premières et de l'énergie, ont été les principaux bénéficiaires de la Françafrique.

Des groupes comme Total, Areva et Bolloré ont prospéré grâce à des contrats avantageux, souvent au détriment des populations locales.

Un exemple frappant est celui de l'uranium au Niger, un élément crucial pour l'industrie nucléaire française.

Malgré les conséquences environnementales et sociales pour les communautés locales, l'exploitation de l'uranium a persisté, soutenue par des accords opaques entre les gouvernements français et nigérien.

Face à cette emprise, dénoncez la Françafrique ! Suivez les activistes et soutenez-nous ! Des mouvements citoyens comme "Survie" ont mené des campagnes pour la transparence et la responsabilité dans les relations franco-africaines. Des leaders tels que Thomas Sankara au Burkina Faso ont tenté de rompre avec la dépendance envers la France, prônant l'autonomie et l'émancipation de l'Afrique.

L'exemple du génocide au Rwanda en 1994 est particulièrement édifiant.

La France, en entretenant des relations étroites avec le régime hutu, a tardivement réagi et même, soutenu indirectement les responsables du génocide.

La Françafrique, cette toile d'intrigues et de compromis, doit être épluchée sans ménagement.

Il est temps de dénoncer les artifices et les intérêts qui la façonnent, ainsi que de révéler les échappatoires de ceux qui résistent à son emprise.

Dans les dédales des relations franco-africaines, se trament des accords aux contours flous, des échanges occultes qui échappent souvent à la lumière du jour.

Ces pactes, orchestrés dans les couloirs feutrés du pouvoir, ont forgé les fondations d'une relation inégale.

Des clauses confidentielles ont lié des dirigeants à la France, souvent au détriment de leur propre nation.

Ces accords ont été des outils de subordination et de contrôle, plaçant les intérêts français au-dessus des aspirations légitimes des peuples africains.

La coopération, souvent présentée comme un gage de stabilité, a trop souvent été un prétexte pour perpétuer une emprise qui étouffe toute véritable autonomie.

C'est comme si la France avait gardé une clé secrète pour maintenir des dirigeants dans une danse où leurs pas étaient dictés depuis l'extérieur, sapant ainsi la souveraineté de ces nations.

5. L'Exploitation Économique

Une Plaie Ouverte

Dans les méandres de la Françafrique, les multinationales françaises ont leur propre buffet à volonté au cœur de l'Afrique, au cœur de ma nation, dans mon peuple, sur ma terre, chez ma mère. Ils pillent et volent nos richesses en échanges de vaines paraboles. Ils avaient au moins une parole, l'espoir règnerait dans mon cœur, mais ils disent : " Les africains ne savent rien" Ils nous traitent de pauvres ignorant, d'innocent fils de Dieu.

Elles se servent allègrement dans les richesses du continent, sans vraiment se soucier des populations locales.

C'est un peu comme si elles avaient trouvé la recette secrète pour s'en mettre plein les poches, du Congo à Gabon, en passant par tous les bons coins où il y a quelque chose à grappiller.

Et devinez qui ramasse la note ?

Eh bien, c'est moi, c'est nous, ce sont les populations locales qui se retrouvent avec le ticket à payer.

Pendant que les entreprises étrangères se remplissent les poches, le développement des nations africaines, lui, reste à la traîne. C'est un peu comme si on organisait un festin, mais qu'on laissait la plupart des convives regarder sans pouvoir y goûter.

L'Heure du Changement : Il est temps

Vers une Coopération Équitable

Il est temps de dévoiler ces mécanismes insidieux, de les mettre à nu sans ménagement.

Il est temps de dénoncer ces intérêts égoïstes qui placent la France avant les nations africaines.

Mais surtout, **il est temps** de célébrer les voies de résistance qui émergent, porteuses d'un espoir de changement et d'une réconciliation avec une histoire commune.

En scrutant sans concession la Françafrique, nous posons les fondations d'une nouvelle ère de coopération, basée sur l'équité et la justice.

Il est temps de soutenir ceux qui, de part et d'autre, œuvrent pour une relation plus juste, plus équilibrée, et plus respectueuse de la dignité et des aspirations de chacun.

Le sel de l'Afrique

"Un peu comme si"

C'est un peu comme si la France s'était auto-proclamée le chef d'orchestre de l'Afrique.

On a vu défiler des dirigeants africains, parfois qualifiés de "chefs d'État-vassaux", qui avaient la bénédiction de la France, même s'ils régnaient d'une main de fer.

La liste est longue, permettez-moi de ne pas prononcer leurs noms, ces présidents malhonnêtes envers leur propre peuple, ces dictateurs diplômés sans diplômes, ces hommes sans âme.

C'était un peu comme si l'Afrique était une machine qui ne pouvait tourner correctement qu'avec le coup de pouce français, je veux dire : sans l'existence de la France.

On avait parfois du mal à distinguer qui menait la danse. La France soutenait des dirigeants, certains avec des méthodes plutôt controversées, et en échange, elle en retirait une influence considérable sur le continent.

…Un peu comme si elle se considérait comme l'indispensable "sel de l'Afrique". Et croyez-moi, ça a laissé des arrière-goûts amers dans la bouche de bien des Africains comme moi. Rappelons !

Mobutu Sese Seko (Zaïre, aujourd'hui RDC)

Mobutu, soutenu par la France, a dirigé le Zaïre d'une main de fer de 1965 à 1997.

Son régime était caractérisé par une corruption endémique, une répression politique brutale et un appauvrissement massif de la population.

La France a donné son soutien à Mobutu malgré les preuves accablantes de ses abus de pouvoir.

Gnassingbé Eyadéma (Togo)

Eyadéma a dirigé le Togo d'une main de fer de 1967 à 2005.

Son régime était caractérisé par la répression de l'opposition politique, la censure des médias et les violations flagrantes des droits de l'homme.

La France a maintenu des liens étroits avec Eyadéma malgré les critiques internationales.

Omar Bongo (Gabon)

Bongo a dirigé le Gabon de 1967 à 2009, bénéficiant du soutien actif de la France.

Son régime a été critiqué pour sa corruption généralisée et son manque de transparence électorale.

La France a maintenu Bongo au pouvoir pour préserver ses propres intérêts économiques.

Félix Houphouët-Boigny (Côte d'Ivoire)

Houphouët-Boigny a été le premier président de la Côte d'Ivoire après son indépendance en 1960.

Bien qu'initialement salué pour sa gestion relativement pacifique, son régime a été critiqué pour la répression de l'opposition politique et les inégalités croissantes.

La France a maintenu des liens étroits avec Houphouët-Boigny malgré les problèmes internes.

Hissène Habré (Tchad)

Habré a dirigé le Tchad de 1982 à 1990, période marquée par la répression brutale et les violations des droits de l'homme.

La France a soutenu divers groupes rebelles dans la région, contribuant ainsi à l'instabilité et aux guerres civiles.

Nelson Mandela (Afrique du Sud)

Bien que l'Afrique du Sud ne fasse pas partie des anciennes colonies françaises, la fin de l'apartheid et l'accession de Nelson Mandela à la présidence en 1994 ont marqué une transition vers la démocratie et ont eu un impact sur les dynamiques régionales en Afrique australe.

6. Les Conséquences Sociales et Économiques

Dans les coins sombres et poussiéreux de la Françafrique, les conséquences sont comme des farces cruelles, jouées à même les ruelles oubliées, les usines fantômes, les visages marqués par la débrouille de la France.

Imaginez une fracture sociale tellement large qu'on pourrait y faire une balade à dos d'éléphant ! D'un côté, une élite qui se goinfre des largesses de leurs amis étrangers, festoyant dans l'opulence pendant que l'autre majorité se démène dans l'ombre des promesses oubliées.

La pauvreté, ce vilain fantôme qui s'invite sans invitation, est là, omniprésente.

Des millions d'âmes payent le tribut des caprices d'une relation souvent bancale. Les richesses tant espérées sont parfois détournées, laissant des terres appauvries et des cœurs brisés.

Ah, le chômage ! Ce trouble-fête insidieux qui fait de l'ombre aux rêves et musèle les ambitions. Les occasions, quand elles se pointent, ont souvent des allures de chasse gardée, laissant les autres dans le champ de bataille économique.

Et le développement dans tout ça ? C'est comme chercher une aiguille dans une botte de foin ! L'éducation, la santé, les infrastructures... tout est un peu bancal, un peu à l'envers, à cause de politiques qui préfèrent parfois voir midi à leur porte. La croissance, quand elle essaie de se pointer, se retrouve souvent enchainée par les maillons d'une relation parfois abusive.

Voilà ce que c'est de jouer avec la Françafrique !

C'est comme essayer de faire une symphonie avec des instruments désaccordés. Ça sonne faux, ça grince, et au final, ça laisse un goût amer dans la bouche. C'est pourquoi je soulève des mains se tendent, j'appuis les communautés qui se mobilisent, réclamant leur dû, affirmant leur droit à une vie digne. Les mouvements citoyens, véritables phares d'espoir, portent en eux l'éclat d'un possible changement.

C'est dans cet élan que réside l'opportunité d'une nouvelle ère, d'une vision renouvelée. En scrutant les conséquences sociales et économiques de la Françafrique, nous lançons le défi de l'équité, de la justice, et de la prospérité partagée. L'avenir réside dans les mains de ceux et celles qui, des deux côtés de la Méditerranée, aspirent à une relation empreinte de respect et de bénéfices mutuels.

Ici, résonne l'appel à une transformation essentielle, à l'avènement d'une nouvelle ère dans les relations franco-africaines.

Dans cette quête vers une cohabitation équilibrée, nous sommes aux prémices d'une longue bataille. Mes cher(es), la route sera ardue, mais l'espoir nous guidera.

J'appelle aux experts Africains, telles des lumières froides dans la nuit, pour éclairer de leur savoir les mécanismes de cette réalité implacable.

Vos analyses, précises et rigoureuses, mettront à nu les plaies béantes de nos sociétés qui peinent.

Les véritables gardiens de cette histoire se sont vous, les hommes et les femmes qui, au-delà des chiffres, incarnent ces réalités cruelles.

Vos récits poignants nous parlent de douleur, de combat, mais aussi d'espoir. Ils nous montrent l'humanité qui perdure, même face à l'adversité la plus dure.

C'est dans cet équilibre délicat entre les analyses savantes et les récits bruts du terrain que se dessine la fresque complexe de la Françafrique.

La marche vers l'équité ne fait que commencer.

La Résistance et les Mouvements Citoyens

Chaque combat mené en vaut la peine, et chaque sacrifice doit nous pousser à nous dresser encore plus fort contre l'oppression.

> *La Françafrique peut éliminer nos paires, nos pères, nos frères, nos sœurs, nos mères, mais elle ne peut éteindre l'idée de justice.*

Elle peut faire taire des voix, mais elle ne peut pas faire taire la détermination d'un peuple.

Le parcours de la résistance est semé d'embûches, mais il est aussi pavé de courage et d'espoir.

Je me souviens de ces temps sombres, de l'ombre menaçante de la Françafrique qui planait sur nos terres.

C'est là, au cœur de cette obscurité oppressante, que naquit un éclat de résistance, illuminant le chemin incertain de la lutte. Hommes et femmes, tantôt cachés dans l'ombre, tantôt exposés sous les feux de la rampe, se levèrent courageusement pour rompre les chaînes d'une relation tout sauf juste.

Et parmi eux, il y avait Thomas Sankara, le visionnaire d'État du Burkina Faso.

Je me souviens de sa bravoure, de son audace à défier ouvertement les schémas établis, proclamant avec une force inébranlable l'indépendance de notre nation face aux influences étrangères.

Ses paroles résonnaient comme une ode à la souveraineté africaine, et sa détermination ébranla les fondations mêmes de cette Françafrique oppressante.

Je me souviens encore de Patrice Lumumba, cette étoile flamboyante du Congo-Kinshasa.

Sa voix était le cri vibrant d'une nation assoiffée de liberté, cherchant à briser les chaînes de l'oppression. Son parcours fut marqué par une tragédie sombre, mais son héritage, indomptable, continue d'inspirer les âmes en quête de justice.

Puis vint le temps où, à Paris, centre névralgique des décisions qui façonnaient le destin de l'Afrique, des étudiants se rassemblaient sous la bannière du Mouvement Panafricain des Étudiants. Je me rappelle leur ferveur, de leur ardeur à incarner la jeunesse avide de changement, la flamme de la conscience africaine. Leurs débats enflammés et leurs actions audacieuses étaient autant de grains de sable dans les rouages bien huilés de cette Françafrique oppressante.

Ces figures, ces phares de la résistance, n'étaient pas seules dans leur lutte.

Je me souviens de milliers d'anonymes, de héros méconnus, œuvrant dans l'ombre, chacun à leur manière, à éroder les fondations d'une relation inégale.

Les victoires furent parfois modestes, parfois éclatantes. Des contrats commerciaux révisés, des prisonniers politiques libérés, des dictatures ébranlées... Chaque avancée était une pierre ajoutée à l'édifice d'un changement imminent.

...Pourtant, la Françafrique demeurait un titan indomptable, ses tentacules s'enfonçant toujours plus profondément dans nos terres africaines.

Ici-bas, je ressens à nouveau l'énergie intemporelle de ces hommes et de ces femmes. Leurs récits me rappellent que face à l'adversité, notre résilience humaine demeure la plus puissante des armes.

Et la lutte continue, portée par la foi en un avenir où la Françafrique ne sera plus qu'un lointain souvenir, une ombre dissipée par l'aurore d'une ère nouvelle. Dans l'obscurité des intrigues de cette Françafrique, celles et ceux qui osaient résister devenaient des cibles potentielles.

Les actes d'opposition étaient souvent réprimés avec une brutalité impitoyable. Les récits de ces activistes, de leur courage, de leurs tragédies, sont des rappels poignants de l'importance de préserver la voix des défenseurs des droits de l'homme en Afrique.

Je n'oublierai jamais comment Thomas Sankara, l'emblématique président du Burkina Faso, fut tristement assassiné en 1987, victime d'une conspiration visant à mettre fin à son mouvement révolutionnaire.

Ce sont des histoires qu'on nous a raconté mais qui sont devenu des mémoires vive.

Au cœur des enjeux de la Françafrique se dessine un paysage altéré, marqué par l'exploitation sans retenue des trésors naturels de l'Afrique.
Une plongée au cœur des ravages infligés à l'environnement et aux communautés locales.

Les richesses naturelles de l'Afrique, souvent perçues comme une bénédiction, se sont parfois révélées être un fardeau.

Les mécanismes économiques instaurés par la Françafrique ont trop souvent mené à une surexploitation des ressources, au détriment de la durabilité et de la préservation de l'équilibre écologique.

Dans les terres arides du Sahel, les puits s'assèchent et les sols s'épuisent sous le poids d'une agriculture intensive, dictée par des intérêts économiques lointains.

Les forêts millénaires d'Afrique centrale se réduisent à un rythme alarmant, emportant avec elles une biodiversité unique au monde.

Les rivières, autrefois sources de vie et de subsistance pour les communautés riveraines, se transforment en artères empoisonnées par les résidus de l'exploitation minière.

Les écosystèmes fragiles des littoraux sont soumis à une pression insoutenable, sacrifiés sur l'autel d'une soif insatiable de ressources.

Derrière ces atteintes à la nature, ce sont les communautés locales qui payent le tribut le plus lourd.

Les populations rurales, souvent dépendantes de la terre et de l'eau pour leur survie, voient leurs conditions de vie se détériorer.

Les traditions séculaires se trouvent menacées, et les savoirs ancestraux risquent de disparaître.

La Françafrique a laissé des blessures profondes, sans pareille. De cette lutte pour la préservation de l'environnement naît l'espoir d'un avenir où l'harmonie entre l'homme et la nature redeviendra la pierre angulaire de la prospérité africaine. Au fil des décennies, l'Afrique a porté et continu de porter le poids d'une exploitation acharnée, laissant dans son sillage des cicatrices profondes et douloureuses.

Les échos lointains des moteurs des engins d'exploitation résonnent encore dans les vallées, témoins silencieux de l'acharnement à extraire, à prélever, à consumer.

Les collines jadis verdoyantes se parent désormais des stigmates de la déforestation, de vastes étendues désolées.

Les rivières, jadis claires et bienfaisantes, murmurent aujourd'hui des lamentations, portant dans leurs flots les vestiges de l'industrie extractive. Les écosystèmes marins, autrefois vibrants de vie, semblent se faner, étouffés par les déchets et les polluants. Des activistes de l'environnement, des groupes de pression citoyenne, des organisations dédiées à la préservation écologique, tous s'unissent dans un même élan. Ils sont les sentinelles de la nature, les gardiens du futur. Les vastes étendus de forêts denses qui ornaient jadis l'Afrique centrale, abritant une biodiversité unique, se sont progressivement réduites à l'ombre de l'exploitation forestière.

Des compagnies internationales, souvent en partenariat avec des entreprises locales, ont procédé à un abattage massif pour satisfaire une demande mondiale insatiable en bois précieux.

Un exemple emblématique de cette surexploitation est la République Démocratique du Congo.

Les années 1990 et 2000 ont vu une déforestation rapide due à l'extraction de bois précieux, souvent illégalement.

Cette exploitation a eu un impact direct sur la biodiversité, menaçant de nombreuses espèces animales et végétales, dont certaines sont endémiques à la région.

Le secteur minier, pilier de l'économie de nombreux pays africains, n'a pas été épargné. L'extraction de minerais tels que le coltan, le cuivre, et l'or a laissé des marques indélébiles sur le sol et les communautés locales.

En République Démocratique du Congo, par exemple, l'exploitation minière a été associée à des conflits armés, exacerbant les souffrances humaines et environnementales.

Nigeria : L'exploitation pétrolière dans la région du delta du Niger a engendré des dégâts environnementaux considérables.

Les fuites de pétrole, les déversements et les flares de gaz ont contaminé les sols, les rivières et les eaux côtières, détruisant ainsi la biodiversité locale et affectant gravement les communautés dépendantes de la pêche et de l'agriculture.

Madagascar : L'exploitation minière, en particulier celle des terres rares et du saphir, a eu un impact négatif sur les écosystèmes fragiles de l'île.

La déforestation liée à l'exploitation minière a conduit à la perte de la biodiversité et à la dégradation des habitats naturels, menaçant des espèces uniques au monde.

Mauritanie : L'exploitation minière du fer dans le désert de l'Adrar a engendré des conséquences environnementales majeures.

L'extraction massive du minerai a eu un impact sur les sols, les ressources en eau et la biodiversité locale. De plus, les infrastructures minières ont modifié le paysage et perturbé les écosystèmes.

Ghana : L'exploitation de l'or, en particulier dans la région d'Obuasi, a entraîné des problèmes environnementaux sérieux.

Les pratiques minières non réglementées ont conduit à la pollution de l'eau par des produits chimiques toxiques, mettant en danger la santé des habitants et affectant la vie aquatique.

L'agriculture intensive, encouragée par des politiques d'exportation de produits agricoles, a également contribué à la dégradation de l'environnement. Les monocultures de cultures comme le coton, le cacao ou le café ont souvent eu des conséquences dévastatrices sur les sols et les écosystèmes locaux.

En Côte d'Ivoire, l'industrie cacaoyère a été pointée du doigt pour son implication dans la déforestation, notamment dans les forêts classées du pays.

La production intensive a souvent été réalisée au détriment de pratiques agricoles durables.

Face à ces défis environnementaux, je m'insurge ! Laissez mon Afrique vivre en paix.

J'appelle aux organisations locales et internationales, des activistes environnementaux et des communautés affectées, mobilisez-vous pour promouvoir des pratiques plus durables, et pour exiger des entreprises et des gouvernements qu'ils rendent des comptes. Créez des initiatives telles que la certification des produits forestiers, la promotion de l'agroforesterie et le développement de l'agriculture durable, voici tant et autant de pas vers une exploitation plus responsable des ressources naturelles.

7. Les Interventions Militaires Françaises

Les soubresauts de l'histoire franco-africaine sont parsemés d'interventions militaires, autant de chapitres complexes qui éclairent les dynamiques de pouvoir entre la France et l'Afrique.

L'intervention au Rwanda en 1994, baptisée "Opération Turquoise", illustre la complexité des motivations françaises.

Si tel, est-elle une mission humanitaire visant à protéger les civils, pourquoi soutien t'elle les factions politiques et militaires ?

Au Mali, l'opération "Serval" en 2013, devenue ensuite "Barkhane", a été déclenchée pour contrer l'avancée des groupes armés terroristes.

La France justifie son engagement en tant que contribution à la stabilisation de la région et à la lutte contre le terrorisme international. Néanmoins, ces opérations soulèvent des questions sur la pérennité de la présence militaire étrangère en Afrique !!!

L'intervention française en Côte d'Ivoire en 2011, baptisée "Opération Licorne", visait officiellement à protéger les ressortissants français et à soutenir l'ONU dans le maintien de la paix. Cependant, c'est une ingérence dans les affaires intérieures du pays !!!

L'Opération Turquoise au Rwanda (1994) : Cette intervention militaire française a été déclenchée en pleine période du génocide rwandais. Officiellement, son objectif était de créer une zone humanitaire sûre pour protéger les civils et d'apporter une assistance humanitaire. Cependant, l'opération a donné son soutien à certains éléments du gouvernement rwandais !!!

L'Opération Serval au Mali (2013) et l'Opération Barkhane (depuis 2014) : Ces opérations militaires visaient à contrer l'avancée des groupes armés terroristes au Mali et dans la région du Sahel.

La France a justifié son intervention par la nécessité de stabiliser la région et de prévenir la propagation du terrorisme international. Toutefois, ces opérations soulèvent des questions sur la pérennité de la présence militaire étrangère en Afrique et mettent en lumière les défis posés par la lutte contre les groupes terroristes dans des espaces vastes et complexes !!!

La Françafrique, semblable à un caméléon habile, arbore aujourd'hui une cravate élégante au souci de respectabilité. Et pourtant, dans l'arrière-plan, les fondations demeurent inchangées !!!

Chaque nouveau locataire de l'Élysée s'empresse de proclamer solennellement que "la Françafrique, c'est fini !"

Mais les enchevêtrements complexes et les alliances subtiles semblent résister au souffle du temps, défiant les déclarations officielles.

Ainsi, dans les coulisses du pouvoir et des négociations, la Françafrique se métamorphose, jouant avec les frontières entre l'ombre et la lumière, l'influence et l'indépendance.

Le temps dévoilera peut-être les secrets enfouis dans ces corridors du pouvoir, où les intérêts nationaux et les destins continentaux se croisent et s'entrelacent pour détourner les richesses de l'Afrique.

8. Évolution des Relations franco-africaines

Décolonisation, Réconciliation et Nouveaux Enjeux

Depuis les derniers feux de la période de la Françafrique, les relations entre la France et l'Afrique ont évolué sous l'influence de nombreux facteurs.

Les changements géopolitiques mondiaux, les revendications de souveraineté nationale et les aspirations à un partenariat plus équitable ont été autant de catalyseurs de cette transformation.

Cela a ouvert la voie à une ère nouvelle, où la coopération entre la France et l'Afrique se redéfinit progressivement.

Décolonisation et Réconciliation

Le mouvement de décolonisation qui a secoué l'Afrique dans la seconde moitié du XXe siècle a été l'épicentre de ces bouleversements. Les anciennes colonies ont réclamé leur indépendance, mettant ainsi fin à des décennies de domination. Cette quête de liberté a toutefois été marquée par des défis et des tensions, notamment dans les négociations visant à établir de nouvelles relations avec la France. Les efforts de réconciliation ont été déployés des deux côtés, mais les cicatrices du passé continuent de se faire sentir.

LE NOUVEAUX PARADIGMES

Dans ce paysage complexe, divers acteurs ont émergé, chacun influant sur la trajectoire des relations franco-africaines. Des personnalités politiques aux entrepreneurs, en passant par les organisations non-gouvernementales, tous jouent un rôle crucial.

Certains perpétuent les schémas hérités de la Françafrique, tandis que d'autres œuvrent pour une collaboration plus équilibrée et mutuellement bénéfique. Ces dynamiques mettent en lumière la diversité des intérêts et des perspectives qui façonnent les interactions entre la France et l'Afrique.

Cette période de transition, marquée par des tentatives de redéfinir les fondements des relations franco-africaines, offre une opportunité cruciale d'explorer de nouveaux horizons. Les contours de cette nouvelle ère demeurent toutefois en mouvement, laissant entrevoir des défis et des opportunités encore inexplorés.

> *La relation économique entre la France et l'Afrique est profondément marquée par l'interdépendance et l'exploitation.*

L'exploitation des ressources naturelles, les accords commerciaux et les investissements sont autant de piliers qui structurent cette interaction.

Ils soulèvent des questions cruciales d'équité et de partage des avantages.

INFLUENCE ET SOUVERAINETÉ

La France, acteur majeur de la scène internationale, exerce une influence politique significative en Afrique.

Les alliances stratégiques, les négociations diplomatiques et les interventions politiques jouent un rôle central dans cette relation.

Cependant, ces interactions suscitent des interrogations sur la souveraineté des nations africaines et sur la démocratie.

Identités et Dynamiques Culturelles

Au-delà des dimensions économiques et politiques, les relations franco-africaines sont profondément influencées par des enjeux sociaux et culturels.

Les questions d'identité, les mouvements migratoires et les échanges culturels sont autant de facettes qui participent à la construction de cette dynamique. Comprendre ces éléments offre une perspective complète sur les liens qui unissent ces deux entités. Dans cette exploration des mécanismes qui animent la relation franco-africaine, il est impératif de plonger au cœur des enjeux économiques.

L'interdépendance entre la France et l'Afrique est indéniable, mais elle est souvent teintée d'une subtile asymétrie.

L'exploitation des ressources naturelles, véritable socle de cette interaction, a longtemps été l'objet de débats enflammés. Les accords commerciaux, les investissements et les échanges économiques dessinent les contours de cette relation, mais posent également la question cruciale de la répartition équitable des bénéfices.

Les fruits de cette interconnexion doivent-ils être partagés de manière plus équitable, ou demeureront-ils confinés aux sphères économiques et politiques dominantes ?

Dans la sphère politique, l'influence de la France en Afrique est une réalité indéniable. Les alliances stratégiques tissées avec les nations africaines, les négociations diplomatiques délicates, voire les interventions politiques, sont autant de cartes jouées dans ce grand échiquier international. Toutefois, ces manœuvres ne sont pas exemptes de controverses.

Elles soulèvent des interrogations légitimes sur la souveraineté des nations africaines et sur **la véritable nature de la démocratie dans cette toile complexe.**

Les frontières entre partenariat stratégique et influence néocoloniales demeurent floues et délicates à définir.

Sur le plan social et culturel, les interactions franco-africaines sont également profondément marquées par des enjeux d'identité et de dynamiques culturelles.

Les mouvements migratoires, les échanges intellectuels et artistiques sont autant de facettes qui contribuent à façonner cette relation complexe.

Ils témoignent de l'interpénétration des cultures, mais révèlent également les défis liés à la préservation des identités nationales et à la promotion de la diversité culturelle.

9. Mon opinion et mon appel

À tous les africains et toutes des africaines

Dans ce dernier chapitre, je souhaite partager avec vous non seulement mon point de vue personnel sur la relation franco-africaine, mais aussi émettre un appel vibrant à toutes les Africaines et tous les Africains.

Il est indéniable que la relation entre la France et l'Afrique a été marquée par des évolutions complexes et souvent controversées. Les enjeux économiques, politiques, sociaux et culturels ont façonné cette dynamique d'une manière profonde.

Mon opinion, forgée à travers cette exploration approfondie, est celle d'un plaidoyer en faveur d'un partenariat plus équitable et respectueux entre les nations africaines et la France.

Il est essentiel que les peuples africains se mobilisent pour défendre leurs intérêts et leur souveraineté. Cela passe par l'éducation, l'autonomisation des communautés locales, et la participation active à la vie politique et économique de nos nations. Il est temps de prendre en main notre destinée et de contribuer pleinement au développement de nos pays.

De même, il est crucial d'encourager le dialogue et la coopération entre l'Afrique et la France sur des bases nouvelles, plus justes et plus respectueuses des aspirations de chacun. Nous devons nous engager dans des échanges mutuellement bénéfiques, où le partage des ressources et des connaissances se fait dans un esprit de solidarité et de respect.

Enfin, je lance un appel à la jeunesse africaine, véritable force motrice de notre continent. Vous êtes l'avenir de l'Afrique, et il vous revient de façonner la relation franco-africaine de demain. Cultivez la connaissance, l'ouverture d'esprit et l'engagement envers un avenir meilleur pour toutes les Africaines et tous les Africains.

Ensemble, nous pouvons bâtir une relation franco-africaine empreinte de respect, d'équité et de prospérité partagée. C'est un appel à l'action, à la responsabilité et à l'espoir pour un avenir où l'Afrique se dresse fièrement, en partenariat avec la France et le reste du monde, vers un destin de paix, de progrès et de prospérité.

Il est temps de laisser parler mes sentiments, mes critiques et mon indignation face à la relation franco-africaine telle qu'elle s'est souvent déroulée.

Il est difficile de ne pas ressentir une profonde indignation en considérant l'histoire complexe qui lie la France à l'Afrique. Les mécanismes opaques de la Françafrique, les interventions politiques discutables, les exploitations économiques sans vergogne... Ces réalités révèlent une face sombre de cette relation, une face qui ne peut et ne doit être ignorée.

Ma critique la plus acerbe se porte sur les conséquences sociales et économiques qui se font encore sentir aujourd'hui. Les inégalités persistantes, la pauvreté endémique et les atteintes aux droits fondamentaux continuent de marquer le quotidien de trop nombreux Africains. Il est temps que cela change.

Mon appel s'adresse à chaque Africain, à chaque personne concernée par le devenir de notre continent.

Nous avons le devoir de nous lever, de revendiquer nos droits et de défendre nos intérêts. L'éducation, l'engagement citoyen et la participation active à la vie politique et sociale de nos nations sont des armes puissantes.

Je ne peux m'empêcher de rappeler que la jeunesse africaine est une force inestimable. Vous, qui incarnez l'avenir, avez le pouvoir de transformer cette relation. Ne laissez pas le poids de l'histoire vous paralyser, mais faites-en une source d'inspiration et de détermination.

Mon appel résonne aussi en direction de la France et de ses citoyens éclairés. Il est temps de repenser cette relation, de la réinventer sur des bases de respect mutuel, d'équité et de coopération sincère.

C'est ensemble, main dans la main, que nous pourrons construire un avenir où la France et l'Afrique avancent ensemble vers un destin de prospérité partagée.

Cet appel est empreint de l'espoir que chacun d'entre nous porte en lui. L'espoir d'un avenir où la relation franco-africaine sera une source de fierté, de progrès et d'harmonie.

C'est un appel à l'action, à la solidarité et à l'amour pour ce continent qui est le nôtre, et pour lequel nous avons le devoir de nous battre.

Analysez comment la Françafrique a influencé les relations entre les pays africains et leurs interactions avec d'autres régions du monde. Proposez des réflexions sur les défis actuels et les opportunités pour des relations fructueuses et équilibrées entre la France et l'Afrique.

L'exploitation des ressources naturelles, tels que le pétrole, l'uranium, les minerais précieux, constitue un pan majeur de cette dynamique.

Cette exploitation ne bénéficie pas aux populations locales.

Les retombées économiques, souvent concentrées dans les sphères politiques et économiques dominantes, laissent de côté de vastes pans de la société.

Les extractions minières sont associées à des pratiques peu respectueuses de l'environnement et des droits des communautés locales. Les conséquences sociales et environnementales de telles activités sont souvent minimisées au profit de profits à court terme.

De plus, les accords commerciaux entre la France et les pays africains ont été un autre point d'interrogation.

Les produits africains font face à des barrières tarifaires et non tarifaires sur les marchés européens, entravant ainsi le potentiel de croissance des économies africaines.

La dimension politique de la relation franco-africaine ne saurait être sous-estimée. Les alliances stratégiques forgées par la France et divers pays africains ont eu des répercussions profondes sur la stabilité politique de la région. Ces alliances soulèvent des questions sur la souveraineté des nations africaines. Il est temps que cela change. À bas la Françafrique !

10. MERCI AUX ILLUSTRES CONTRIBUABLE POUR LEUR ŒUVRES

François-Xavier Verschave, "La Françafrique, le plus long scandale de la République", 1998.

Fanny Pigeaud et Ndongo Samba Sylla, "L'arme invisible de la Françafrique : Une histoire du franc CFA", 2018.

Thomas Sankara, "Pour la Patrie et la Révolution", 1983.

François-Xavier Verschave, "La Françafrique, le plus long scandale de la République", 1998.

Stephen Smith, "La Ruée vers l'Europe : La jeune Afrique en route pour le Vieux Continent", 2018.

Patrick de Saint-Exupéry, "L'Inavouable : La France au Rwanda", 2004.

Nelson Mandela, "Long Walk to Freedom", 1994.

Gérard Prunier, "Darfur: The Ambiguous Genocide", 2005.

Tania Rands Lyon, "The History of Ivory Coast", 1996.

Douglas A. Yates, "The Rentier State in Africa: Oil Rent Dependency & Neocolonialism in the Republic of Gabon", 2017.

Jean-Pierre Chrétien, "L'Afrique des Grands Lacs : Deux mille ans d'histoire", 2000.

Samuel Decalo, "Historical Dictionary of Togo", 1996.

"Rwanda : L'opération Turquoise"

Prunier, Gérard. "Rwanda : L'opération Turquoise." Éditions du Seuil, 1997.

"Mali : L'opération Serval"

Moreau Defarges, Philippe. "Mali : L'opération Serval." Institut français des relations internationales (Ifri), 2013.

"Côte d'Ivoire : L'opération Licorne"

Alby, Philippe. "Côte d'Ivoire : L'opération Licorne." Complexe, 2013.

"France's Wars in Chad: Military Intervention and Decolonization in Africa"

Nolutshungu, Sam C. "France's Wars in Chad: Military Intervention and Decolonization in Africa." Greenwood Press, 1987.

"French Military Interventions in Africa: Changing Forms of Intervention"

Badie, Bertrand. "French Military Interventions in Africa: Changing Forms of Intervention." International Peacekeeping, 2017.

"France and Rwanda: The Perils of 'Humanitarian' Military Intervention"

Reyntjens, Filip. "France and Rwanda: The Perils of 'Humanitarian' Military Intervention." African Affairs, 1997.

"Françafrique: The End of an Illusion" de Saint Exupéry, Patrick. "Françafrique: The End of an Illusion." Hurst Publishers, 2019.

"France in Centrafrique: From Bokassa and Operation Barracuda to the Days of EUFOR"

Joffé, George. "France in Centrafrique: From Bokassa and Operation Barracuda to the Days of EUFOR." African Affairs, 2009.

fin !

Visitez l'Auteur :

www.aziagba.com